SEMPITERNUS

DEY FERRER

SEMPITERNUS

COPYRIGTH@2017 DEY FERRER

ALL RIGTHS RESERVED

ISBN-10:1977982840

ISBN-13:9781977982841

Printed by CreateSpace.com, an Amazon.com Company

Available from Amazon.com and other bookstores

SEMPITERNUS

PARA DESIREE & MAYRA ALEJANDRA

SEMPITERNUS

GRACIAS A DIOS POR TANTAS BENDICIONES.

A **MARIA PEREIRA ALBORZFARD**, **(BIBI BIBIANA)** POR EL HERMOSO DETALLE DE REGALARME SU FOTOGRAFIA PARA LA PORTADA DE ESTE LIBRO

REMINISCENCIA

Quizá te acuerdes de mi

Esperándote al lado de aquel portal

Mirando disimuladamente a mi alrededor

Con la sonrisa timida, los libros, y mi ansiedad

Practicaba una y otra vez las palabras

Que no salían de mi garganta al verte

El camino hacia la casa de tu mano

Los besos que me dabas impacientes

El amor un niño ingenuo que rezaba tu nombre

Quizá la nostalgia te invite a veces a buscarme

En las cenizas de un amor que fue tan grande

Cuando tejíamos sueños y no eramos cobardes

CONFUSIÓN

Tendrias que haberlo adivinado

Cuando me veias perdida en tu mirada

Cuando te ofrecia mi mejor sonrisa

Y pintaba mi boca de carmín para ti

Yo quería ir hasta el fin del mundo contigo

Llenar tu vida de felicidad

Tendrías que haber puesto un poco más de cuidado

Cuando te decía que te quería con el alma

Y apretaba tu mano

Tan desubicada, tan enamorada

Totalmente ilusionada

Tu me dabas tus momentos

Yo anhelaba tus días y noches

Tendría que haberte dicho de frente que

 eras tú lo que yo amo

El hombre que esperaba

Y asi no estuviera metida en esta confusión

Tu me querias como a tu mejor amiga

Yo deseaba ser tu mejor amor

DEUDA

¿Qué le pido a la vida?

Que una conversación entre vino y vino

Se vuelva inolvidable

Amigos que se queden, después de enterarse

Que soy un desastre

Un amor inolvidable

¿Qué le pido a la vida?

Seguir escuchando la risa de mi madre

Esas historias de mi padre

Le pido poco

Si le pidiera mucho, va y me cobra

Todos los días que la ignoré

ESOS AMORES

Esos amores, los indelebles

Los que Dios te regala

Bendito sean esos amores

Que al parir y escuchar su llanto

Te hacen ver que, justo en ese instante

Naces tu tambien

ELLA

La artista

La bella

La dedicada

La amorosa

La niña de mis ojos

La de la piel canela

Con su sonrisa divina

Enamorada de la vida

La que con un pincel conquista un sueño

La impaciente, la que amé desde mi vientre

La que llamo baby aunque tenga sus años

La descomplicada, la amiga a toda hora

Mi primer retoño

La que cuenta historias y de todo se rie

La que acuné a deshoras

Ella, la mujer, la amante, la soñadora

Ella... Desireé de mi alma

ELLA TAMBIEN

Asi es ella

La dulce

La amiga

La viajera

La siempre compañera

La aventurera

La de las risas

La de las metas

Esa es ella

La que vino de otra vida a ser mi alma gemela

La activista

Que baila un vallenato y se roba la pista

Adicta al chocolate

La que duerme a cualquier hora

La niña que no esperaba y hoy mi corazón adora

La que se acurruca en mis brazos cuando el mundo

no le va

Ella... Mayra Alejandra de mi vida

QUERIDA MAMÁ

Después de la turbulencia que llamamos adolescencia

Aterricé en seco en la pista de tu amor

Cuando no entendia, tus regaños, tus gritos, tus miradas

Al fin acabé por entender que el amor también se enoja

Tambien se impacienta

Y no sabe actuar a veces, cuando quiere proteger

Y después de la tormenta

Terminé en la calma de tu brazos

Y encontré la palabra "te quiero"

En la llamada matutina, en el desayuno recién hecho

La sopita en días de lluvia

Ya entendí que ser mamá es una profesión

Mas dura que la medicina

Sin embargo, con un abrazo, que no curas!

Asi es que hoy, te doy gracias

Por qué sé que en cada gesto tuyo

Estaba escrita la palabra Amor

ANGEL MARIA

Me dices que desde que supiste de mi llegada

Me estas amando

La historia de como me recibiste, dicha una y otra vez

Para mi vuelve a ser nueva siempre

Es que, la emoción de oírte decir que soy tu primer amor

Es elocuente

Y tu, al que ya conoci en otras vidas

Vuelves a encontrarme, solo para tener el placer

De llamarme hija otra vez

Yo guardo en el bolsillo, la palabra "papá"

Para estrenarla contigo en cien vidas más

Para, de tu mano siempre ir

Escuchar tu voz

Seguir tus pasos, volver a tu abrazo

Siempre, siempre papá

QUIERO

Si, quiero

Quiero a tus ojos, el vicio de tu boca, quiero

Quiero que vengas desnudo del ayer

Sin miedos, sin pautas

Que me bebas por placer

Que me fumes en las noches y exhales mis temores

Me arrincones tras la puerta y me encierres a besos

Quiero contigo reirme de todo

Tomar tu mano y cruzar el parque, cruzar nuestras vidas

Ser el uno del otro sin ataduras

Quiero tu risa a la medianoche

Contar estrellas, contar contigo

Que seas mi parcero, mi mejor amigo

Mi amante celoso, perfecto, amoroso

Que conozcas mis lunares y los tatúes en tu alma

Que sepas todo de mi, hasta las dudas que me asaltan

Quiero este camino sin rutas, ni señales

Que hagamos el amor, la risa, la vida

Si, quiero

LIMPIEZA

Se que mi vida es un desorden

Es que, me abandoné por alguien sin valor

Lloré, hice un rio donde nadie nadó

Has encontrado esta vida hecha un ocho

Pero creeme, voy en reconstrucción

Lentamente, pero ahí voy

Queriéndome más que a nadie, asi estoy

Limpiando cada rincón de mi alma, donde estuvo él

Sacudiendo las sabanas de tanto dolor

Curándome las heridas que me dejó

Estoy tratando de entender que la vida sigue

Y tú, aquí a mi lado, con la paciencia de un santo

Voy sanando, anhelando un viento fresco

Asi estoy

INCREDULOS

Será que nos quisimos de más

Tanto, que cuando dijimos adiós

No nos creimos ese cuento

De que ya no eramos dos

Y seguimos buscándonos en cada mirada

que nos hablara de amor

DESILUSIÓN

Mi amor fué tan ciego

Que no adivino tu adiós en ningún momento

Llenaste mi vida de mentiras

Rio abajo, lleno de barcos de papel

No valoraste lo que te amé

Todo lo que te entregué

Quede en una niebla de momentos

Con mis ojos fijos en el amanecer

Pasó el amor, quedó el recuerdo

Mas que el olvido de tus dedos enlazados en los mios

Un cigarrillo se apaga en silencio

Asi, como todo lo que de mi te llevaste

Mi amor fue tan ciego

Que aun después de tanto tiempo

Sin buscarte, a donde voy, siempre te encuentro

INCONMENSURABLEMENTE

Yo me enamoré de como sabia mi nombre

En su boca

Su boca mentirosa que me supo a verdad

Decía amarme y enseguida agregaba

Inconmensurablemente

Me enredo con palabras que en el aire quedaron

Luego llego el invierno y las rosas aniquiló

Todo, todo se congeló

Ahora voy con el sexto sentido prendido

Y un diccionario en la mano

Una nunca sabe...

ECLIPSE

Era estrella

Solitaria, lejana

Él la hizo su luna

La lleno de fulgor

Quemó su triste pasado

Fue su sol de medianoche

El dia que se besaron, hubo eclipse

NIÑA MIMADA

La osadia de una luna que se cree una maravilla

Que espera la noche eterna

Para al rio conquistar

Un verano imparable

Gestos de una gran ciudad

Barranquilla es una niña mimada

Que se come la alegría

Y le encanta rumbear

Baila cumbia, grita pueblo

Con un acordeón la ven coquetear

Barranquilla huele a fiesta y se sabe inmortal

SIN REMEDIO

Estoy perdida en tus pasos peregrinos

Irremediablemente atada a tu destino

De un salto cai al abismo de ti

Te lo juro, nunca fui aventurera

Pero le perdi el miedo al vacio

Cuando te vi venir

SEMPITERNUS

TU

Estas en mi como luna alumbrando la noche

Te paseas por mi cuerpo

Te detienes donde sabes

Al piso se va un broche

Me tienes, me seduces

Me rindo a tu pasión

Fuego arde, no hay salida

Sabes que tuya soy

Despiertas a mis besos

Duermes mis sentidos

Estas viviéndome

Adueñándote de mis delirios

Me llevas a la cima del mundo

Contigo estos momentos

Saben a dia festivo

MICROHISTORIA

Murió Fidel

De aquel lado algunos lo lloraron

De este lado, muchos aplaudieron

Se fue Chavez ,

Dejo en el limbo su mensaje

Un pueblo a la deriva, que lucha por salvarse

Mientras que el otro

El que a cada momento "mete la pata"

Y nunca la saca

A ese, lo están madurando

Y ENTONCES LLUEVE

¿Quién te dijo que me faltas?

Solo pienso en ti cada mañana

Cuando subo al tren

Y no estas para tomar mi mano

Es mentira que te extraño

Solo que al revisar mi movíl

Ya no encuentro tus tontos mensajes

Aquellos que siempre terminaban con un

"te amo, loca!"

Y se arremolinan las emociones

Ya no vuelves, pero al mirar por la ventana

Los geranios que cuidabas ya florecen

Y cuando alguien me pregunta por ti

Le digo que ya estás en otros brazos

Ahí, es cuando siento que me duele el pecho

... y entonces llueve

SAUDADE

Siempre fuiste tú

Antes del adiós, después del dolor

Los caminos de mi vida están llenos de ti

De tus manos en mi cabellera suelta

De tu mirada embelesada al ritmo de mis caderas

Aquel tren esperándonos, para con la juventud partir

La historia breve, que duró mil años y un dia

La que cargó con la ilusión a cuestas

Siempre seras tú, marea brava en días de invierno

Heridas curadas al viento

No pasará la tristeza de haberte visto partir

Se acomodarán los anhelos

Se vestirá la luna de enero

El amor volverá, me hablara con descaro

Y aun asi, la esencia de lo que fuiste

Se quedara dentro de mi

Por que, aunque camine sobre brasas para olvidar tu nombre

Un rosario me acompaña y reza nuestra historia

ESCRIBIR UN TE AMO

Podría decir que te respiro

al caer sobre tu almohada

que las sábanas lavadas aún no se olvidan de ti

ni de la pereza que te daba, que yo no pudiese dormir

podría decir que estas paredes preguntan por ti

que extraño domingos de nada, flojeando en la cama

podría decirte que esto, es una declaración de amor

que cai en ti y no lo sentí

hasta que te fuiste, no me di cuenta que me faltabas

y mi excusa es, que por mi vida el amor no pasaba

podría decirte tantas cosas, pa' que vuelvas a mis besos

pero prefiero escribir un te amo

que te cale hasta en los huesos

UN DESEO

Que la vida no nos olvide

Y tomemos caminos distintos

Que mi mano coqueta, siempre encuentre tu cintura

Y mi boca inquieta, el sabor de la tuya

Que aunque pasen los años, y no seamos los mismos

En la cama al despertar, me sorprenda tu mirada

Que el olvido de los años, no se lleve nuestros nombres

Ni el olor de nuestros cuerpos, ni la caricia indiscreta

Que mantengamos la llama del amor siempre nueva

Y al mirarte de reojo, ya sepas de lo que te hablo

Que la vida no cuente nuestros años juntos

Sino lo junto que siempre estamos

Y aunque se vista de invierno el paso del tiempo

Sigamos estrenando un te amo, cada dia

ALLÁ EN LA HEROICA

La que conoció nuestros pasos

Donde nos perdimos tanto

En su mar, en su encanto

Cartagena se metió en nuestros parpádos

Y nos hizo soñar noches encantadas

Se embriagó con nuestro amor

Cartagena nos vivió antes del adiós

Allá en la heroica fuimos tan felices

Mirando el mar en total silencio

Extasiados en su magia

Los recuerdos quedaron dentro de sus murallas

Sueles sacarme una sonrisa a veces

Cuando te recuerdo diciéndome

Cartagena es un poema, para leer despacito

Asi como tú...

¿Y, SI LE DIGO?

¿ Y, si le digo que le pienso a toda hora?

¿Qué en las mañanas el café mismo le añora?

Que la nostalgia va conmigo

Por esas calles que vivimos

Que al mirar el ocaso desde Brooklyn, pienso

Que tristeza que no esta conmigo

¿Y, si le digo que mi adicción a su risa no se acaba?

¿Qué me duele la vida?

¿Qué me duele el alma?

¿Y estas ansias locas de sentir su calma?

¿De sentir su abrazo, de sentir sus ganas?

¿Y, si le digo?

SEMPITERNUS

CENIZAS

Volveria a darte mis manos con los ojos cerrados

A correr contigo hacia el vacio, si me lo pidieras

Volveria a andar tu camino

Sin mapa, sin brújula, sin preguntar

Y desafiar al mundo, con tal de a tu lado estar

Y aún cuando te has convertido en cenizas

Sigo soplando sobre ellas

Queriendo una llama encontrar

A sabiendas que me abrirías heridas

Que la espalda no me guardarías

Aun asi, te abrazaria, creyéndote libertad

Volveria a confiar, volveria a amar tus faltas

Y a creer que me amaste, que viviste por mi

Que te dio por inventar la primavera en una noche invernal

Para, con la excusa que hacia frio

SEMPITERNUS

Acomodarte en mi pecho, y amarme una vez más

Volveria a traer el verano, para ver el sol en tu mirar,

Pero dejamos la puerta abierta, y el olvido hizo su nido

Donde llegan golondrinas que olvidan como volar

NO ME LLAMES REINA

No me llames reina

Que reina no me va

Hoy tengo puesta la envestidura de guerrera

Y me gusta tanto, que voy a dormir con ella

OPCIONES

Tengo los pies deshechos del cansancio

He caminado hasta ti, para saberte lejano

Y no hay opción, sino seguir sin ti

El camino no se ha acabado

Me arrugaste el corazón

 El tampoco tiene opción, sino seguir

La vida no ha terminado

Solo te fuiste

Asi que aquí estamos

Tratando de salir adelante, empezando otra vez

Rendirse o es una opción

En realidad no ha pasado nada

Solo te fuiste

VALENTIA

Muy poco se de ti

Muy poco sabes de mi

Se que duermes poco, sueñas mucho

Crees que tienes menos años

No te gusta el mes de abril

Sabes que soy muy despistada

Que llego tarde a todas partes

Y siempre quiero volver a Madrid

Poco se de ti, poco sabes de mí

Pero que valientes somos al declararnos enamorados

Atrevernos a cruzar desiertos en nombre del amor

Y morirnos de sed, si fuera preciso el uno por el otro

SU RISA

Es que me parece la mejor

La antídoto, la curandera

Calmante, bálsamo a las penas

Es que la escucho y se me eriza la piel

Vuelvo a enamorarme como la primera vez

Es que es adictiva, su risa

Bulliciosa, alegre, juguetona

La que me tiene encantada

Su risa..su risa, mas nada

SEMPITERNUS

VEN

Ven, que ya duele dormir sola

Ven, que tu almohada tiene frio

Ven, y ayuda a que mis miedos se larguen de una vez

Solo te pido que vengas

Que aquí, ya se fue el rencor

Se despidió el enojo, y solo quedan las ganas de ti

Quien recuerda lo que pasó, lo que nos alejó

Sabes que el amor esta en pie de guerra

Y nada lo hará caer

Hay días de sal y días de miel

Ven, sé mi amante, mi amigo otra vez

Hablame de tu rutina mientras me quedo dormida

Solo ven

LO QUE TIENE SENTIDO

Ir de un lado a otro

Durmiendo en aviones

Mientras me lleno los ojos de paisajes

Que alguna vez dibujé en las nubes

Extrañarte, anhelarte

Y que, al regresar y entrar por la puerta

Sienta que no importa donde vaya

Lo único que tiene sentido

Es estar entre tus brazos

A UN SOÑADOR

(Ser Angel David)

Corre, corre

Llega lejos

Suda esa camisa, al lado de tus anhelos

Sueña en grande, mira siempre hacia adelante

Gol tras gol, tras la pelota

Vas a conquistar el mundo

O, a lo mejor, no

A lo mejor solo necesitas esa sonrisa juguetona

Y tu enorme corazón

Para salir adelante

Y sencillamente ser tú

(ser Angel David, eso basta!)

VINO AMARGO

Las calles de Segovia

Saben a añoranza, a vino amargo

Las calles de Segovia

Se quedaron sin color

Se quedaron vacias de nosotros dos

MOMENTOS

Nada contigo es rutina

Como sabes vivir, sin censuras

Eso es algo que me seduce

Mas que todo lo que vivo contigo

Tus ojos travieso, llenos de luces

Y tu manera de seducirme

Te adentras en mis sentidos

Soy feliz cayendo al vacio

¿Mi parte favorita de esta historia?

Cuando besando cada lunar en mi espalda

Me dices al oído, envenenado de mi aliento

Es hora de merendar

SEGUNDOS

Me llenó de burbujas la vida

De risas y bonitas palabras

Tropezó con mi ilusión un dia cualquiera

Y un dia cualquiera dijo adiós

Hay historias de segundos que duran la vida entera

La nuestra fue esa

La que llega, la que corre

La que no puso los pies en la tierra

La que besa las noches y sueña

Y cuando llegó el alba, fue historia rota

RAYUELA

¿Qué te cuento?

A mi de pequeña me gustaba jugar

A la rayuela

Tirar el tejo, con ansias mirando fijo

Esperando que cayera dentro de la casilla

Y tener el juego perfecto

Aun sigo haciéndolo

Tirando tejas al destino, para ver si cae

En el cuadro indicado

Hay veces me he salido de la raya

Pero siempre vuelvo a balancearme

Con un pie en la línea de la vida

Procurando llegar a la casa

Y por fin con los dos pies, con las manos en el aire

Se acabaron las casillas y a empezar otra vez

¿Que te digo? la vida es una rayuela

ÉL

Lo encontré al ocaso del camino

Y fue de mi vida el amanecer

Ahí, en sus brazos de la vida me empapé

Y yo, que crei que había amado

Con el descubri mil primeras veces

Juro que la vida se lleno de miel

Cuando lo encontré

Pensé que vivía, y entonces llego él

MIRÉME

Miréme, no solo soy esta piel

Que a usted le encanta

Ni la risa que le deleita escuchar

Miréme

No solo soy caricia tierna, no soy muñeca de bazaar

Soy malhumorada, soy terca

Me cuesta en las mañanas despertar

Lloro por que si, rio por que no

Soy normalita por demás

Aunque hay quien dice que soy rara

Cuando empiezo a hablar

 Por que riéndome digo en serio

Que mi paciencia ya no va

Pa' malos amores, amigos que no están

Momentos tedios, sin sinceridad

Miréme y digame ahora si me quiere de verdad

Le aviso, no soy perita en dulce

Ni mar en calma, que va

Mas bien soy un tsunami, mejor que eso, un vendaval

PEREGRINA

Cuantas espinas, hasta tu rosa

Cuantas tormentas, hasta tu calma

Cuantos inviernos, hasta tu primavera

Cuantas noches oscuras, hasta tu estrella

Cuantas lagrimas, hasta tu risa

Cuantos mares, hasta tus olas

Cuantos abrazos, hasta tu calor

Cuanto dolor, hasta tu paz

Cuantas dudas, hasta anclarme a tu verdad

Cuantos desvíos, hasta tu ruta

Cuantos caminos, hasta llegar al tuyo

Cuanto desamor, hasta verte llegar

Cuantas historias hasta escribir la nuestra

Tanto perderme, hasta encontrarte

LA CASA

Otros habitan lo que ayer fue un hogar

Hoy, es solo una casa extraña

Ajena al calor de los que ayer la calentaron

Otros llenan las paredes de recuerdos

Pisan la alfombra

Rien por los rincones, hacen eco

Se fue el amor

Llenó de soledad los pasillos de la casa

Llenó de frio nuestra habitación

Ahora son otros los que hablan y brindan en el comedor

Miran por el ventanal, donde yo me sentaba

A esperar tu llegada

Cuando la vida de amor nos llenaba

La casa se quedó un dia vacia

Desvetida de ilusión

Ahora otros la llenan, con lo que ellos llaman amor

EL RELOJ

El reloj me pregunta por ti

A las seis de la mañana

Cuando lo tiro, para dormir cinco minutos más

Me espia mientras me ducho

Y vuelve con la misma pregunta

A las doce del dia, cuando es hora de almorzar

Y, si me asomo por la ventana

Cree que eres tu la razón

El reloj se perdió en su tiempo

Todos los días esta tarde para la noticia

De que ya no estás

ESA CANCIÓN

Llego al bar

Labios rojos, vaqueros viejos

La noche promete, que será inolvidable

Risas, música, amigos de vida

Perfecto

Hasta que sonó esa canción

Y me llegó hasta los huesos

Hasta que cada palabra me recordó lo nuestro

Era la noche perfecta

Hasta que llegaste tú, a buscarme en esa letra

MI MEJOR PRESENTE

Si que eres mi mejor presente

Si te miro y pienso, nos acompañó la suerte

O el destino ya sabia

Que nos encontraría de frente

Si que acerté al quererte

Eres mi luna llena

Mi refugio en desventuras

De la vida mi compinche

El hombre que esperé siempre

SEMPITERNUS

ESOS DIAS

Sabes como organizar mi caos

Sabes cuándo llegar

Como alejarte a tiempo

Mas, en esos días, que ando con los apellidos revueltos

Cuando el mal humor me acompaña y por todo te reto

Respiras despacito

Me miras de reojo

Te ries, por qué sabes, que son esos días

Te das la vuelta cuando lloro sin causa, y amenazo

Con matarte si no te vas de mi vista

Se calma mi mal humor, cuando llegas

Y me abrazas, y susurras en mi oído

¿Por qué mejor no me matas a besos?

SEMPITERNUS

YA NO LE ESPERO

Ya no le espero

Resultó llena de tedio la esperanza

Y se suicidó a tres cuadras de aquí

Se llenaba la boca diciendo que me amaba

Y resulta que olvidó el camino hacia mi corazón

Ya paso el periodo de luto

Ya paso el anhelo por su abrazo

Ya no le espero, ya no le sueño

Pero hay noches que me encuentro

Pensando en sus besos

NOSOTROS

Como me hubiese gustado

Tomar todos los aviones del mundo contigo

Y de tu mano siempre ir

Encontrarnos en cada terminal

Mi cabeza en tu hombro

Sonriéndole a la nada

Pensando, que el vuelo pronto despega

Y nosotros también

SEMPITERNUS

AMANDO

Amo que me ames si te antoja

Dentro y fuera del deber

Amo verte despertar, que seas mi amanecer

Que te acerques muy quedito

Y me sorprendas con tus besos

Amo tus piernas de futbol

La risa loca por cualquier cosa

Amo hasta tu mal humor

Esos ojos que me miran y enamoran

Amo tus manos que hacen música en mi piel

Nuestra vida de rutina

Las charlas en la cocina

junto a una taza de café

amo todo lo que somos, esta vida de los dos

que viviría una vez más

el acierto de encontrarte, de ser tuya, de amarte

como a nadie, como nunca, en mi corazón guardarte

eso quiero amor de siempre, eso quiero

SEMPITERNUS

¿QUÉ ME DISTE?

Es que de algo tiene que servirme

La lección de haber amado tanto

Con locura, sin razón

Saber que no hay que entregarse

Al primer vuelo

Y es que, nunca termina intacto el corazón

¿Qué me diste?

¿Qué te di?

La balanza no es justa para mi

Estoy con los sentimientos llenos de rasguños

Estoy con las alas rotas

Y un mar bravío en el corazón

¿Qué me diste?

Hay una herida abierta

Que no se cura con alcohol, ni la cierra un bisturí

EMPEZANDO

Ese suspiro de la primavera

La despedida del invierno

Que crees que nunca llega

Y de repente el sol afuera

El olor a hierba fresca intoxicando los sentidos

Ah! Empezar de nuevo

Respirar con los ojos cerrados

Se acabó la espera

FRAUDE

Este adiós no es un adiós cobarde

Es la manera digna de decirte

Que quiero salvarme

Por qué olvide quererme, cuando dijiste amarme

Y mira que cuento jodido

Solo fuiste un fraude

Este adiós no es por que dude

Es pa' decirte que al fin me baje de tu nube

Que este cuento llega a su fin

Esta historia de papel no sirvió

Le quedaste grande hasta a mi sombra

Le quedaste grande a esta reina

Que en tu cuento no creyó

USTED

Usted me mira y me sonrojo

Es que veo en sus ojos un antojo

Me muero por esa boca que me espia

Usted se ha encargado de enamorarme

Con detalles a la antigua

Pero dentro, muy dentro

Quiere dejar salir a un león enjaulado

Enseñarme su otro lado

Usted me mira con hambre atrasada

Quiere llegar mas allá de un simple beso

Descubrir mis secretos

Usted no sabe lo que le espera

Esta noche hay luna llena

CONQUISTA

Quien te dijo que puedes enamorarme

Creyéndote brisa en abril

Con ese caminar seguro, esos aires de galán

La danza de una conquista

Que ya perdiste conmigo

No hago caso de don juanes

Que llegan haciendo ruido

Que no dicen nada más que lo tienen

En los bolsillos

Camina en otra vereda

Entraste a una que dice "Dead End"

LAS VAINAS DE LA VIDA

Ve tu a saber, las vainas de la vida

Ya no es el mismo tipo

Ya no corre como antes

Se fue el brillo de su piel, se asoman canas en su pelo

Se esconde de la vida

Guardó el paracaídas que cargaba

Le tiene miedo al viento, se ha quedado sin alas

Se acabaron sus aires de Don Juan

Ya se le arruga el rostro

Y los verdes, es lo único que tiene para impresionar

Pues no sabe quien es Descartes

Mucho menos Cervantes

Y en el mapa no divisa a Myanmar

Quien lo hubiese visto, las vainas de la vida

SEMPITERNUS

MARIPOSA EN VUELO

Voy a soltarte

Desde hoy te digo adiós

Voy a olvidar que un dia estuviste

Que nada hiciste, poco me diste

Voy a soltarte

No pensaré en lo que hoy dejo

Voy a centrarme en mis momentos

Voy a ponerme un vestido nuevo

Labios carmín

Voy a aplastar todos mis miedos

Voy a reirme de tanto absurdo

A renovarme, a amarme tanto

Que cuando te oiga decir mi nombre

Ya no responda, ya no me duela

Ya no te crea, ya no te sienta

Voy a soltarte

Desde hoy seré solo aciertos

Mujer en pleno, mariposa en vuelo

PARA NO OLVIDARNOS

Después de mi, no se quien vendrá

Si alguna vez esto que tenemos

No se llama más amor

Vendrá quien te caliente tus pies en el invierno

O, como yo, te calentara a besos

Vendrá quien te alegre el dia

Con dulces baratos

O como yo, te regalara poesías

Después de mi, dudo que ames de más

Que te desvivas por llenarle el alma

Y cada tarde embriagadora sacudir su calma

Que le hagas olvidar hasta su nombre

Como me pasa a mi

Después de mi, dudo que tu corazón encuentre paz

Seguiras amando cuerpos, queriéndome encontrar

Después de ti, se borrara la palabra dicha

Y vendra la palabra soledad

SEMPITERNUS

Después de abrazar este sentimiento

Morir si no nos tenemos

No se que pasara

Seguro vendrán tristezas, añoranzas

Después de amarnos y dejarnos

Nos encontrara la nostalgia

En cada cosa que hagamos

Los recuerdos nos quemarán el corazón

Si alguna vez, esto que tenemos no se llama más amor

Llamémosle otra cosa, para no olvidarnos

SI ESTUVIERAS AQUÍ

Si estuvieras aquí

No tendria que abrazarme a la nostalgia

Si estuvieras aquí, no tendría este sabor a distancia

Estaríamos usando este dia que se desgasta

No séria el amor un dolor

No séria el viento un susurro

Queriendo convertirse en lamentos

Si estuvieras aquí

Estarían las gavetas llenas de te amo

La cocina tendría un gusto a compañía

No iria por la vida, pensándote, deseándote

No seriamos una ausencia

La vida no se hubiese detenido aquí conmigo

Si estuvieras aquí, hasta la lluvia tendría sentido

SEMPITERNUS

SIEMPRE

Siempre estaré deseando no apartarme

De tu lado

Que cuando lleguen vendavales

Me sostenga de tu mano

Siempre deseare que estés de mi enamorado

Respirarte dia a dia

Descansar en tu regazo

Siempre estaré deseando que seamos tu y yo

Aunque ese siempre dure un instante

O mil días

Siempre querré amarte

PREGUNTA

¿Qué sientes tus manos, cuando se pasean por mi cuerpo?

¿Cuándo te gana la pasión, te pierdes en mi pecho?

¿Qué siente tu boca, cuando se entrega a la mia?

¿Cuándo tu sudor me acaricia, y nos olvidamos del tiempo?

Cuando la vida entre los dos

Se prende a fuego lento

Cuando me dices que me amas en el momento justo

Cuando me llenas, me completas

Se queda a oscuras el mundo

Dime lo que sientes cuando acortamos respiros

Cuando me sabes toda tuya

Y ocupas mi pensamiento

Y mirándonos sabemos que hemos llegado al cielo

¿Qué sientes?

SEMPITERNUS

ESTACIONES

Quizá estaba del destino

Encontrarnos en el camino

Para aprender el uno del otro

Tu, a amar con los ojos cerrados

Yo, a sentir con el corazon abierto

Quizá necesitábamos tomarnos de la mano

Y aprender a estar junto a alguien

Sentir que la vida es esto

Tener quien te mire extasiado

Un abrazo que nos devuelva la fé en la humanidad

Caminar lado a lado

 Asi encontrarle sentido a todas las estaciones

Que seas tu mi lluvia de verano en invierno

Que sea yo, tus hojas de primavera en otoño

DIOSA

Diosa eres

Majestuosa por demás

Con tus historias de piratas

Y amores de atardecer

Quien iba a decirlo

Me volvi a enamorar

De tu suelo libre, de tus playas blancas

Ah! Tu imponente sierra nevada

Dime, ¿habrá quien te mire y no caiga rendido a tus pies?

Ya te quedaste conmigo

Te sabes encantada, Santa Marta

ASI MISMO

Hay que apostarle a la vida- me dijo-

Tienes que aprender a vivirla sin ningún miedo

Con los ojos cerrados

Hay que montarse en la montaña rusa

Y llenarse de adrenalina

Hartate el helado que te gusta

Pregunta que fue lo que le pasó

A caperucita aquel día en el bosque

Alguna vez habremos de meter las manos

Al fuego por alguien

Si no vives a plenitud, para que vives?

Detén cualquier tren en la estación

Piérdete, encuéntrate

Canta la puta canción a todo pulmón

SEMPITERNUS

Camina descalza

Ve y preguntale a "la niña" por quien suspiraba Colón

Hay que arriesgarse en el camino

Hacer el amor, hacer pactos

Morirnos de risa, abrazar sin prisas

De vez en cuando embriagarnos

Hay que apostar el corazón, me dijo

En silencio me ofreció su mano y

Yo le di mis ganas de vivir

SEMPITERNUS

MAÑANA

¿si mañana me voy, me vas a recordar?

¿lloraras mi ausencia?

¿en que silencio me buscaras?

Si mañana me voy, ¿seré tu fiel recuerdo?

¿te sentaras a ver la luna llena, para pensar

Que estoy en ella?

¿te dejaras llevar por los recuerdos, para encontrarme

 en ellos?

O, simplemente apagaras la luz

Para creer lo que no es y olvidar que he muerto?

Si mañana no estoy, ¿voy a seguir siendo la excusa

Para tu sonrisa?

O, cerraras los ojos para sentir la suave brisa

Y pensar que no he muerto, que soy yo quien te acaricia

MUJER

Pisa alfombra roja

Por donde quiera que vayas

Te llaman reina

Y eres dueña del mundo

Mujer

No te conformes, no pares jamas, no te pongas en oferta

Te llaman guerrera

Y eso sabe a triunfo

No te calles, aún hay tanto por decir

EL ENCUENTRO

Te declaro culpable de mis mejores insomnios

Reparador impecable de un corazón roto

Pasa que cuando menos lo esperé

Apareciste tú

Meteorito en el firmamento

Llenando de luz todos mis momentos

Y allí en ese encuentro

Se despidió la apatía

Desde que te encontré, estoy conquistando al mundo

Con tu sonrisa

AL RECORDARTE

El pasado se fué

He superado tanto desde que no estás

A ti el amor te quedo grande

Segui sola en mi andar

Decidi abrazar otro camino

Sabiendo que aunque me lance en paracaídas

El vacio sabrá a aventura

Y no a incertidumbre

Aunque hay días como hoy

Que maldigo al mundo y suelto una lagrima

Al recordarte

ESA CALLE

Allí estuve

Mirando fijamente su balcón

Imaginándolo perdido en sus libros

Quizá viendo televisión

Allí estuve, diciendo quedo su nombre

Recordando como me llamaba su amor

Hace tanto que dijimos adiós

Pero hoy la añoranza, la partida me ganó

Me llevó hasta su calle, me arrugo el corazón

Mientras camino, me digo que ya es tarde

A ver si escucha mi razon

TRANQUILA

Que importa si no se quedó en tu vida

Habrá más historias por vivir

Solo es una pausa en el camino

Mientras caza mariposas

Ya vendrán tiempos mejores

Ya vendrá quien te saque sonrisas tontas

Es que siempre habrá quien te hable bonito

Para después romperte en dos

Y caes de rodillas, por que el mundo se nubló

Tranquila

Vuelve a intentarlo

Y un dia después de querer claudicar

Por fin das en el clavo

Llegó el que era

Cuento acabado

SEMPITERNUS

RESÚMEN

Guerrera

Apasionada

Leal

Despistada

Dormilona

Imparable

Impuntual

Inquebrantable

Rio por costumbre

Escribo por adicción

Leo mucho

Solo escucho al corazón

Sorda por convicción

Amo por vocación

Todo eso y un poco más

En resúmen, mis verdades

SEMPITERNUS

EN REALIDAD

El tiempo tan amigo, cree que corre

Cuando en realidad va en silla de ruedas

SEMPITERNUS

DE QUE COLOR?

¿Y, de que color se viste la vida después de los

Cincuenta?

¿De rojo pasión?

¿De azul soñador?

¿De verde esperanza?

¿De negro sensual?

Las patas de gallo cantan a las cuatro de la mañana

Y a las cinco la ducha, enjuaga mis canas

Con la faja puesta, luzco perfecta

A la mierda la edad, hasta el reloj cucú perdió la cuenta

El calendario ya no me la recuerda

En la radio, la voz de Julio, dice que es dia de fiesta

Y sigo sin tener una puta idea de a que saben los cincuenta

Mi cuerpo grita treinta

El corazón dice cuarenta

¿De que color se viste la vida después de los cincuenta?

Del color que quieras!

Si hay un buen vino, un buen libro, compañía certera

Vivir sin cuenta, al fin y al cabo es lo que cuenta

SEMPITERNUS

SOBRE LA AUTORA

DEY FERRER, NACIO UN 28 DE ENERO, EN LA CIUDAD DE BARRANQUILLA, COLOMBIA. CRECIO EN NEW JERSEY ESTADOS UNIDOS. LABORA COMO TRABAJADORA SOCIAL. "SEMPITERNUS" ES SU PRIMERA PUBLICACION.

CPSIA information can be obtained
at www.ICGtesting.com
Printed in the USA
BVOW03s0859201217
503308BV00007B/2447/P